Kinderkuchen

Dr. Oetker

Kinderkuchen
schnell und unkompliziert

Inhalt

6 Grundrezepte **7** Tipps
8 Sweethorsekuchen **10** Piratenkuchen
12 Ladybirdkuchen **14** Polizeiautokuchen
16 Baumeisterkuchen **18** Bärchenkuchen **20** Spinnenkuchen
22 Piratenschiffkuchen **24** Fledermauskuchen
26 Blümchenkuchen **28** Geisterschlosskuchen
30 Fußballkuchen **32** Igelkuchen **34** Autokuchen
36 Schlangenkuchen **38** Schweinchenkuchen
40 Bienchenkuchen **42** Kürbiskuchen **44** Froschkuchen
46 Eisenbahnkuchen **48** Dinokuchen **50** Delfinkuchen
52 Prinzessinenkuchen **54** Totenkopfkuchen
56 Wilde-Jungskuchen **58** Seepferdchenkuchen
60 Mäuschenkuchen **62** Feuerwehrkuchen

Nick Holl, geborene Winke, wurde 1971 in Schleswig-Holstein geboren und verbrachte dort auch ihre Kindheit. Später lebte die gelernte Fremdsprachenkorrespondentin lange und gerne in Hamburg. Nick Holl arbeitete in verschiedenen Positionen in den größten deutschen Zeitschriftenverlagen für bekannte Titel. Ihr damaliger Freund und heutiger Ehemann überredete sie, mit ihm in den Süden von Deutschland zu gehen. Seit 2001 lebt Nick Holl mit ihrem Mann Alexander und ihren beiden kleinen wilden Söhnen am Rand von München. Nach der Erziehungszeit beschäftigt sie sich nun viel mit Online Marketing, sie arbeitet bei 121WATT und hat die Kinderseite piraten-kinder.de kreiert, auf der sie alles bietet, was kleine Piraten benötigen. Nick Holl ist bei www.xing.de zu finden.

Sabine Fuchs, geboren 1965, studierte Grafik-Design in Nürnberg. Nach Stationen in Werbeagenturen in Seattle, Hamburg und München machte sie sich 1995 als Art-Directorin selbstständig. 2002 wurde fuchs-design gegründet, der Schwerpunkt des Designbüros ist Buchgestaltung und Corporate Design. (www.fuchs-design.biz) Sabine Fuchs lebt mit ihrem Mann und ihren beiden Töchtern in Ottobrunn bei München.

Danke an: Klaus Obermeier, Hans-Jürgen Junker, Sandra Servas und unsere Lektorin Carola Reich.

Grundrezepte

Sie können den Kuchen, den Sie als Basis für Ihren Kinderkuchen benötigen, nach Belieben entweder als Backmischung oder nach Rezept zubereiten. Verwenden Sie dafür die im Kinderkuchen-Rezept angegebene Backform (Springform Ø 24/Springform Ø 26 cm/Kastenform 25 x 11 cm). Dafür bei den Springformen den Boden fetten und mit Backpapier belegen bzw. die Kastenform fetten und mehlen.

Zitronenkuchen

Entweder eine Backmischung Dr. Oetker Zitronenkuchen nach Packungsanleitung zubereiten (Backzeit Springform Ø 26 cm: 25–30 Minuten) oder einen Rührteig zubereiten:

190 g Butter oder Margarine, 190 g Zucker
2 Pck. Dr. Oetker Finesse Geriebene Zitronenschale
3 Eier (Größe M), 170 g Weizenmehl
40 g Speisestärke, 1 gestr. TL Dr. Oetker Backin
2 EL Milch

1. Die Backform vorbereiten. Den Backofen vorheizen. Ober-/Unterhitze: etwa 180 °C
Heißluft: etwa 160 °C
2. Für den Teig Butter oder Margarine mit Handrührgerät mit Rührbesen auf höchster Stufe geschmeidig rühren. Nach und nach Zucker und Zitronenschale unterrühren. So lange rühren, bis eine gebundene Masse entstanden ist. Eier nach und nach unterrühren (jedes Ei etwa ½ Minute).
3. Mehl mit Speisestärke und Backpulver mischen und in 2 Portionen auf mittlerer Stufe unterrühren. Zuletzt Milch unterrühren. Den Teig in der vorbereiteten Form verteilen.
4. Die Form in den vorgeheizten Backofen schieben und den Kuchen backen.
(Springform Ø 26 cm: 25–30 Minuten).
5. Den Kuchen vom Rand lösen, dann aus der Form lösen und auf einem Kuchenrost erkalten lassen. Anschließend Backpapier abziehen.

Schokinokuchen

Entweder eine Backmischung Dr. Oetker Schokinokuchen nach Packungsanleitung zubereiten (Backzeit Springform Ø 26 cm: 25–30 Minuten, Kastenform 25 x 11 cm: etwa 60 Minuten, backofenfeste Schüssel Ø 22 cm: 70–80 Minuten) oder einen All-in-Teig zubereiten:

200 g Weizenmehl
1 Pck. Dr. Oetker Pudding-Pulver Vanille-Geschmack
3 gestr. TL Dr. Oetker Backin
150 g Zucker, 200 g weiche Butter oder Margarine
3 Eier (Größe M), 100 ml Milch
75 g Raspelschokolade (Vollmilch oder Zartbitter)

1. Die Backform vorbereiten. Den Backofen vorheizen. Ober-/Unterhitze: etwa 180 °C
Heißluft: etwa 160 °C
2. Für den Teig Mehl mit Pudding-Pulver und Backpulver in einer Rührschüssel mischen. Zucker, Butter oder Margarine, Eier und Milch hinzufügen. Alles mit Handrührgerät mit Rührbesen kurz auf niedrigster, dann auf höchster Stufe 2 Minuten zu einem glatten Teig verarbeiten. Raspelschokolade zuletzt kurz unterrühren. Den Teig in der vorbereiteten Form verteilen.

3. Die Form in den vorgeheizten Backofen schieben und den Kuchen backen.
(Springform Ø 26 cm: 25–30 Minuten, Kastenform 25 x 11 cm: etwa 60 Minuten, backofenfeste Schüssel: Ø 22: 70–80 Minuten).
4. Den Kuchen vom Rand lösen, dann aus der Form lösen und auf einem Kuchenrost erkalten lassen. Anschließend Backpapier abziehen.

Schokokuchen

Entweder eine Backmischung Dr. Oetker Schokokuchen nach Packungsanleitung zubereiten (Backzeit Springform Ø 26 cm: 25–30 Minuten, Springform Ø 24 cm: 30–35 Minuten/ Kastenform 25 x 11 cm: etwa 60 Minuten) oder einen Rührteig zubereiten:

200 g Butter oder Margarine, 175 g Zucker
1 Pck. Dr. Oetker Vanillin-Zucker, 1 Prise Salz
4 Eier (Größe M), 175 g Weizenmehl
25 g Speisestärke, 25 g Kakaopulver
1 gestr. TL Dr. Oetker Backin, 2 EL Milch
50 g Raspelschokolade

1. Die Backform vorbereiten. Den Backofen vorheizen. Ober-/Unterhitze: etwa 180 °C Heißluft: etwa 160 °C

2. Für den Teig Butter oder Margarine mit Handrührgerät mit Rührbesen geschmeidig rühren. Nach und nach Zucker, Vanillin-Zucker und Salz hinzufügen. So lange rühren, bis eine gebundene Masse entstanden ist.

3. Eier nach und nach unterrühren (jedes Ei etwa $\frac{1}{2}$ Minute). Mehl mit Speisestärke, Kakaopulver und Backpulver mischen und abwechselnd mit der Milch in 2 Portionen kurz auf mittlerer Stufe unterrühren. Zuletzt Raspelschokolade kurz unterrühren. Den Teig in der vorbereiteten Form verteilen.

4. Die Form in den vorgeheizten Backofen schieben und den Kuchen backen. (Springform Ø 26 cm: 25–30 Minuten, Springform Ø 24 cm: 30–35 Minuten, Kastenform 25 x 11 cm: etwa 60 Minuten).

5. Den Kuchen vom Rand lösen, dann aus der Form lösen und auf einem Kuchenrost erkalten lassen. Anschließend Backpapier abziehen.

Tipps

Kuchen in Form schneiden

Der Kuchen lässt sich am besten bearbeiten und in die gewünschte Form schneiden, wenn er am Vortag gebacken wurde. Dann ist die Krume fester und der Kuchen reißt nicht und bröselt nicht so stark. Wenn der Kuchen am gleichen Tag verwendet werden soll, ihn etwa $\frac{1}{2}$ Stunde ins Gefrierfach oder die Kühltruhe legen und dann sofort in Form schneiden. Zum Schneiden eignet sich ein kleines Sägemesser.

Kuchen aprikotieren

Den Kuchen nach dem Bearbeiten (in Form schneiden) grundsätzlich aprikotieren. Dazu 100–150 g Aprikosenkonfitüre pürieren oder durch ein Sieb streichen und in einem Topf gut aufkochen lassen. Den Kuchen zum Binden der Brösel mithilfe eines Backpinsels vollständig mit der heißen Konfitüre bestreichen. So bleibt der Kuchen saftig und es wird auch das Einziehen des Gusses in den Kuchen verhindert bzw. eine Decke aus Marzipan oder Fondant bleibt gut haften.

Kuchen überziehen

Bei Zuckerguss Puderzucker mithilfe einer Gabel nach und nach mit Wasser zu einer dickflüssigen Masse vermischen (auf 250 g Puderzucker etwa 4 Esslöffel Wasser verwenden). Dann Speisefarbe bis zur gewünschten Farbintensität einrühren. Guss auf dem Kuchen verteilen und mithilfe eines Backpinsels oder eines Tafelmessers verstreichen. Anschließend den Kuchen leicht auf der Arbeitsfläche aufklopfen, damit sich der Guss gleichmäßig verteilt. Zuckerguss kann man auch als Kleber für die Dekoration verwenden. Das Wasser kann teilweise durch Zitronensaft oder Apfelsaft ersetzt werden – so hat der Guss ein Aroma. Bei Schokoguss die Kuvertüre oder Schokolade in Stücke hacken oder brechen und in einem Topf im Wasserbad bei schwacher Hitze unter Rühren schmelzen. Ist der Guss zu dick, kann etwas neutrales Speiseöl untergerührt werden. (1 Teelöffel je 100 g Kuvertüre/Schokolade).

Speisefarben

Damit können Zuckerguss, Marzipan, Rollfondant oder weiße Kuvertüre eingefärbt werden. Weiße Kuvertüre kann bei Verwendung von handelsüblichen wasserhaltigen Speisefarben etwas zäh werden. Dann etwas neutrales Speiseöl hinzufügen (1 Teelöffel je 100 g Kuvertüre) und die Kuvertüre nochmals kurz erwärmen. Marzipan oder Rollfondant können mit Speisefarbe verknetet werden oder die Speisefarbe wird auf das geformte Marzipan oder den Rollfondant aufgestrichen, was einen schönen Glanz bewirkt. Die Farben Blau, Grün und Rot ergeben zusammengemischt Schwarz.

Rollfondant

Rollfondant ist eine Zuckermasse zum Ausrollen oder Kneten. Mit dieser kann man problemlos ähnlich wie mit Marzipan arbeiten. Man erhält Rollfondant bei einer Konditorei (evtl. vorbestellen) oder über das Internet im Oetker Shop (www.oetker.de).

Kuchenreste verwerten

Beim Ausschneiden der Figuren fallen Kuchenreste an. Diese können mit aufgelöster Schokolade oder Kuvertüre zu einer formbaren Masse verknetet und zu Kugeln geformt werden. Die feuchten Kugeln nach Belieben in Zuckerstreuseln, Kokosraspeln, gehackten Pistazien oder Raspelschokolade wälzen.

Schablone herstellen

Einige Kuchen lassen sich einfacher mit einer Schablone in die gewünschte Form schneiden. Dazu das Rezeptbild auf einem Kopierer vergrößern und ausschneiden.

Sweethorsekuchen

Für wilde Amazonenväter

Zum Backen braucht man: 1 Grundrezept Schokinokuchen (von Seite 6), 1 Springform (Durchmesser 26 cm)
Zutaten für die Deko: Cola-Fruchtgummischnüre, etwas Rollfondant oder Marzipan-Rohmasse, rote Speisefarbe,
300 g weiße Kuvertüre, 1 Pck. Kuvertüre Fix (von Schwartau), 2 weiße Schokolinsen, braune Zuckerschrift

1. Aus dem Kuchen den Pferdekopf ausschneiden. Kuchen aprikotieren.
2. Die Fruchtgummischnüre in etwa 4 cm lange Streifen schneiden. Fondant oder Marzipan mit einem Tropfen roter Speisefarbe rosa färben und ausrollen. Mund und Ohren ausschneiden.
3. Weiße Kuvertüre grob hacken und im Wasserbad bei schwacher Hitze unter Rühren schmelzen. Den Pferdekopf vollständig damit überziehen.
4. Die Mähne aus Fruchtgummischnüren anbringen. Mund und Ohren auflegen. Kuvertüre Fix Chips (für die Punkte) und Linsen für die Augen in den noch feuchten Guss setzen. Mit Zuckerschrift auf die Linsen noch braune Punkte als Pupillen malen.

Wieher!!!

Piratenkuchen
Für verwegene Seemannsmütter

Zum Backen braucht man: 1 Grundrezept Schokinokuchen (von Seite 6), 1 Springform (Durchmesser 24 cm)
Zutaten für die Deko: 200 g Marzipan-Rohmasse, 1 EL Puderzucker, rote, blaue und grüne Speisefarbe,
50 g Rollfondant (bei einer Konditorei oder im Oetker Shop bestellen), 250 g weiße Kuvertüre,
1 Pck. (75 g) Schokotröpfchen (von Schwartau), 1 weiße Schokolinse, 1 lange Lakritzstange, braune Zuckerschrift

1. Marzipan mit Puderzucker verkneten, ein walnussgroßes Stück abnehmen. Die Nase formen. Das restliche Marzipan mit Speisefarbe rot färben und zwischen zwei Lagen Frischhaltefolie ausrollen. **2.** Rote, blaue und grüne Speisefarbe mischen, damit man Schwarz erhält. Fondant weich kneten und die Hälfte davon schwarz färben. Den weißen Fondant auf der leicht bemehlten Arbeitsfläche dünn ausrollen. **3.** Das ausgerollte Marzipan in Kopftuchform ausschneiden. Aus dem schwarzen Fondant die Augenklappe mit Band formen. Den weißen Fondant in lange Streifen schneiden. **4.** Kuchen aprikotieren. Kuvertüre in Stücke hacken und im Wasserbad bei schwacher Hitze unter Rühren schmelzen. So viele Schokotröpfchen einrühren, bis der Guss hautfarben ist. Den Kuchen vollständig damit überziehen. **5.** Schokotröpfchen für die Bartstoppeln, eine Linse für das Auge, Marzipannase und die Lakritzstange als Mund in den noch feuchten Guss einsetzen. Auf die Linse mit brauner Zuckerschrift eine Pupille malen. Zuletzt das Kopftuch anbringen und die weißen Fondantstreifen darüberlegen.

Alle Mann an Bord!

Ladybirdkuchen
Für süße Käferchenmütter

Zum Backen braucht man: 1 Grundrezept Schokokuchen (von Seite 7), 1 Springform (Durchmesser 24 cm)
Zutaten für die Deko: 200 g weiße Kuvertüre, rote Speisefarbe, braune Schokolinsen, 100 g dunkle Kuchenglasur,
weiße Zuckerschrift

1. Weiße Kuvertüre grob hacken und im Wasserbad bei schwacher Hitze unter Rühren schmelzen. Nach und nach die rote Speisefarbe einrühren, bis ein kräftiges Rot entstanden ist. **2.** Ganzen Kuchen aprikotieren, dann mit der roten Kuvertüre überziehen, den Kopf dabei frei lassen. Schokolinsen als Punkte in die Glasur setzen. Kuchen in den Kühlschrank stellen. **3.** Kuchenglasur nach Packungsanleitung auflösen. Wenn die rote Glasur fest ist, den Kopf mithilfe eines Backpinsel damit anmalen. **4.** Schokolinsen als Augen anbringen. Mit Zuckerschrift Mund und Pupillen malen.

Schwirr!!!

Polizeiautokuchen

Für kühlköpfige Freund- und Helferväter

Zum Backen braucht man: 2 Grundrezepte Schokinokuchen (von Seite 6), 1 Kastenform (25 x 11 cm)
Zutaten für die Deko: 300 g Puderzucker, etwas Wasser, etwas Marzipan-Rohmasse oder Rollfondant,
blaue und grüne Speisefarbe, eckige Waffeln, 2 Zahnstocher, runde Kekse, gelbe Schokolinsen

1. Die fertigen Kuchen zuschneiden. Beide Kuchen auf der Oberseite gerade schneiden und umdrehen. Vom zweiten Kuchen etwa ein Drittel abschneiden und weglegen. **2.** 1 Esslöffel vom Puderzucker abnehmen und mit ein paar Tropfen Wasser zu einer dickflüssigen Masse verrühren. Das große Stück des zweiten Kuchens damit auf den ersten Kuchen kleben. Marzipan oder Fondant mit Speisefarbe blau einfärben und 2 Polizeilichter daraus formen. **3.** Den Kuchen aprikotieren. Restlichen Puderzucker mit der grünen Speisefarbe und Wasser zu einem dickflüssigen Guss vermengen und den Kuchen vollständig damit überziehen. **4.** Die eckigen Waffeln als Fenster nehmen und vorsichtig in den leicht angetrockneten Guss drücken. Zahnstocher in das Dach stecken und Blaulichter daraufsetzen. Die runden Kekse als Räder ankleben. Schokolinsen als Scheinwerfer andrücken.

Achtung, Achtung!!!

Baumeisterkuchen
Für fleißige Maurermütter

Zum Backen braucht man: 1 Grundrezept Schokinokuchen (von Seite 6), 1 Springform (Durchmesser 26 cm)
Zutaten für die Deko: 20 g Vollmilch-Schokolade, 250 g Puderzucker, etwas Wasser, 200 g Marzipan-Rohmasse,
1 EL Puderzucker, gelbe Speisefarbe, 1 TL Kakaopulver, 1 Lakritz-Konfekt, 1 Schoko-Mokkabohne, 1 runder Keks,
braune Zuckerschrift

1. Den fertigen Kuchen an den Wangen leicht gerade schneiden.
2. Kuchen aprikotieren. Schokolade in Stücke brechen und im Wasserbad bei schwacher Hitze schmelzen. Puderzucker mit Wasser zu einem dickflüssigen Guss verrühren. Ein wenig von der Schokolade hineintropfen lassen und verrühren, damit eine Gesichtsfarbe entsteht. Den Guss auf den Kuchen geben und verteilen. 3. Marzipan mit Puderzucker verkneten. Marzipan ausrollen und einen Helm ausschneiden. 4. Das restliche Marzipan mit Kakaopulver sehr dunkel verkneten. Marzipan zu einem Streifen Haare schneiden. 5. Wenn der Guss fast getrocknet ist, Helm aufsetzen und mit Speisefarbe gelb bestreichen. Die Haare daruntersetzen. Konfekt durchschneiden und als Augen verwenden. Mokkabohne als Nase aufsetzen. Einen runden Keks durchschneiden und als Ohren ansetzen. Mit der braunen Zuckerschrift den Helm verzieren und einen Mund zeichnen.

Wir packen an!!!

Bärchenkuchen
Für schmusige Kuschelbärchenmütter

Zum Backen braucht man: 1 Grundrezept Schokokuchen (von Seite 7), 1 Springform (Durchmesser 26 cm)
Zutaten für die Deko: 50 g Marzipan-Rohmasse, 1 TL Puderzucker, rote Speisefarbe, 300 g Vollmilch-Kuchenglasur,
Vollmilch-Raspelschokolade, bunte Schokolinsen, braune Zuckerschrift

1. Aus dem fertigen Kuchen den Bärenkopf ausschneiden. Kuchen aprikotieren. **2.** Marzipan mit Puderzucker und etwas Speisefarbe gut verkneten. Marzipan dünn ausrollen. Ohren ausschneiden. Bärenschnute mit einem kleinen Trinkglas ausstechen. Aus dem restlichen Marzipan die Schleife formen. **3.** Glasur nach Packungsanleitung auflösen. Den Kuchen mit der Glasur überziehen und Raspelschokolade auf den noch feuchten Guss streuen. **4.** Schokolinsen als Augen aufsetzen, Ohren und Schnute sofort ankleben, Schokolinse als Nase ankleben. Mit der Zuckerschrift Mund und Pupillen aufmalen.

Mmmmh!!!

Spinnenkuchen
Für unerschrockene Naturforschermütter

Zum Backen braucht man: 1 Grundrezept Schokokuchen (von Seite 7), 1 Springform (Durchmesser 26 cm)
Zutaten für die Deko: 250 g Schlagsahne, 1 Pck. Dr. Oetker Vanillin-Zucker, 1 Pck. Dr. Oetker Sahnesteif, grüne Speisefarbe, einige Lakritz-Schnecken, bunte Schokolinsen, 1 Schokokuss, 1 EL Puderzucker und etwas Wasser

1. Die Oberfläche des Kuchens gerade schneiden und den Kuchen umdrehen. Kuchen aprikotieren. **2.** Sahne mit Vanillin-Zucker und Sahnesteif steif schlagen und die grüne Speisefarbe kurz unterrühren. Den Kuchen vollständig mit der Sahne bestreichen. **3.** Die Lakritz-Schnecken auseinanderrollen und in acht 12–13 cm lange „Beine" schneiden. Schokolinsen als Augen mithilfe von Zuckerguss auf den Schokokuss aufkleben. **4.** Den Schokokuss in die Mitte des Kuchens setzen und die Beine an den Spinnenkopf legen. Die Schokolinsen in den Zwischenräumen verteilen.

Krabbel!!!

Piratenschiffkuchen

Für tapfere Seeräubermütter

Zum Backen braucht man: 1 Grundrezept Schokokuchen (von Seite 7), 1 Kastenform (25 x 11 cm)
Zutaten für die Deko: 1–2 EL Puderzucker, einige Tropfen Wasser, eckige schmale Waffeln (z. B. Neapolitaner), schwarzes Tonpapier und Totenkopfaufkleber, lange Holzspieße, Fruchtgummi-Figuren, 300 g dunkle Kuchenglasur, 1 Lakritz-Schnecke, Lakritz-Konfekt, Zahnstocher

1. Die Oberseite des Kuchens gerade schneiden und umdrehen. Das Schiff so zuschneiden, dass es eine Erhöhung zum hinteren Steuerradbereich gibt. Kuchen aprikotieren. **2.** Puderzucker mit etwas Wasser zu einer dickflüssigen Masse verrühren. Die Waffeln damit zusammenkleben und als Reling mit Zuckerguss auf den Kuchen kleben. **3.** Die Flagge aus Tonpapier mit den Aufklebern bekleben und die Spieße durchstechen. Fruchtgummi-Figuren evtl. mit Zuckerguss zusammenkleben. **4.** Kuchenglasur nach Packungsanleitung auflösen. Das Schiff vollständig damit überziehen. **5.** In den noch flüssigen Guss die Segel einstecken. Fruchtgummi-Figuren in die flüssige Schokolade stellen, die Lakritz-Schnecke als Steuerrad einbauen. Lakritz-Konfekt auf Zahnstocher piksen und als Kanonen an den Längsseiten des Schiffs positionieren.

Ahoi!!!

Fledermauskuchen
Für unerschrockene Nachteuleneltern

Zum Backen braucht man: 1 Grundrezept Schokokuchen (von Seite 7), 1 Springform (Durchmesser 24 cm)
Zutaten für die Deko: 300 g Zartbitter-Kuvertüre, Schokoblättchen oder -streusel, 2 blaue Schokolinsen, weiße Zuckerschrift,
1–2 Mikado Schoko-Gebäckstäbchen, 1 fertiger Schokomuffin

1. Kuvertüre hacken und im Wasserbad bei schwacher Hitze unter Rühren schmelzen. **2.** Dann den Kuchen senkrecht halbieren und die Flügel ausschneiden. Beide Hälften zur Mitte hin gerade abschneiden und mit Kuvertüre zusammenkleben. Den Muffin gerade schneiden und mit Kuvertüre auf die Mitte der Hälften kleben. **3.** Den zusammengeklebten Kuchen vollständig aprikotieren und anschließend mit der Kuvertüre überziehen. **4.** Schokoblättchen oder -streusel über den ganzen Kuchen streuen, Schokolinsen als Augen anbringen und mit der weißen Zuckerschrift den Mund und die Pupillen malen. Von den Gebäckstäbchen den nicht schokolierten Teil abbrechen und diesen in vier Teile brechen. Stückchen über den Augen einstecken.

Schschschsch!!!

Blümchenkuchen

Für süße Sommerkinderväter

Zum Backen braucht man: 2 Grundrezepte Zitronenkuchen (von Seite 6), 1 Springform (Durchmesser 26 cm)
Zutaten für die Deko: 300 g weiße Kuvertüre, rote, gelbe und grüne Speisefarbe, bunte Schokolinsen

1. Aus dem ersten Kuchen eine Blume ausschneiden. Aus dem zweiten Kuchen Blätter und Stiel ausschneiden. Beide Kuchen aprikotieren. **2.** Weiße Kuvertüre in Stücke hacken und im Wasserbad bei schwacher Hitze schmelzen. In etwa zwei Dritteln der Kuvertüre nach und nach die rote Speisefarbe einrühren. Grüne mit etwas gelber Speisefarbe mischen. Die Mischung mit der restlichen Kuvertüre verrühren. **3.** Blume rot überziehen, Stängel und Blätter grün überziehen. **4.** Kuvertüre etwas fester werden lassen, dann die Blume, Blätter und Stiel mit den Schokolinsen garnieren.

Der Sommer ist da!!!

Geisterschlosskuchen
Für furchtlose Schauermärchenerzählmütter

Zum Backen braucht man: 1 Grundrezept Schokokuchen (von Seite 7), 1 Springform (Durchmesser 24 cm)
Zutaten für die Deko: 1 EL Puderzucker, einige Tropfen Wasser, eckige schmale Waffeln (z. B. Neapolitaner),
200 g Vollmilch-Schokolade, 5 weiße Schaumzucker-Mäuse, gelbe Zuckerschrift, 4 Fruchtgummi-Fledermäuse, Zahnstocher

1. Den Kuchen auf der Oberseite gerade schneiden, umdrehen und daraus ein Quadrat schneiden. Das Quadrat aprikotieren. **2.** Puderzucker mit etwas Wasser zu einem dickflüssigen Guss verrühren. Die Waffeln damit als Schutzmauer ankleben und auf die Burg bauen. **3.** Schokolade im Wasserbad bei schwacher Hitze unter Rühren schmelzen und die gesamte Burg damit überziehen. **4.** Den weißen Mäusen die Köpfe abschneiden und mit Zuckerschrift gelbe Augen malen. Mäuse als Gespenster in die noch etwas flüssige Schokolade stellen. **5.** Die Fledermäuse auf halbierte Zahnstocher stechen und auf die Mauerecken setzen. Mit gelber Zuckerschrift ein Tor auf die Burgmauer malen.

Uaah!!!

Fußballkuchen

Für große Kickerväter

Zum Backen braucht man: 1 Grundrezept Schokinokuchen (von Seite 6), 1 runde backofenfeste Schüssel (Durchmesser 22 cm) Zutaten für die Deko: 300 g Rollfondant (bei einer Konditorei oder im Oetker Shop bestellen), rote, blaue und grüne Speisefarbe, braune Zuckerschrift

1. Den fertigen Kuchen unten gerade schneiden und mit der flachen Seite nach unten legen. Kuchen aprikotieren. **2.** Den Fondant ausrollen und den Kuchen damit überziehen. Die überlappende Zuckermasse großzügig abschneiden. **3.** Den restlichen Fondant wieder ausrollen, Fünfecke ausschneiden und schwarz einfärben. Dazu die Speisefarben rot, blau und grün mischen und auf den Fondant-Fünfecken verstreichen. Die Fünfecke auf dem Fußball anordnen. **4.** Die schwarzen Felder mit der braunen Zuckerschrift verbinden. Die weißen Felder des Fußballs sind sechseckig. **Tipp** Der Schokinokuchen kann auch in einer Springform (Durchmesser 24 cm) gebacken werden, dann den Kuchen halbrund in Form schneiden.

Tor ... Tor ... Tor ...!!!

Igelkuchen
Für großherzige Tierfreundmütter

Zum Backen braucht man: 1 Grundrezept Schokokuchen (von Seite 7), 1 Springform (Durchmesser 26 cm)
Zutaten für die Deko: 200 g dunkle Kuchenglasur, 2 Pck. Mikado Schoko-Gebäckstäbchen, einige Schokolinsen

1. Aus dem Kuchen einen Igel ausschneiden. Das Gesicht des Igels flacher schneiden. **2.** Kuchen aprikotieren. Kuchenglasur nach Packungsanleitung auflösen. Den Igel damit überziehen. **3.** Das obere Drittel der Gebäckstäbchen abbrechen und diese Spitzen in den Igelrücken stecken, während die Glasur noch flüssig ist. Die Schokolinsen als Nase und Augen auflegen.

Schmatz!!!

Autokuchen

Für schnelle Rennfahrerväter

Zum Backen braucht man: 1 Grundrezept Schokinokuchen (von Seite 6), 1 Kastenform (25 x 11 cm)
Zutaten für die Deko: 300 g Puderzucker, etwas Wasser, gelbe Speisefarbe, einige Leibniz Minis (Butterkekse),
Lakritz-Schnecken, bunte Schokolinsen

1. Die Oberseite des Kuchens gerade abschneiden, umdrehen und etwa ein Drittel abschneiden. Einen gehäuften Esslöffel von dem Puderzucker mit ein paar Tropfen Wasser verrühren. Das kleine Kuchenstück mit dem Zuckerguss auf das große kleben. Zusammengeklebte Kuchen aprikotieren. **2.** Restlichen Puderzucker mit Wasser zu einem dickflüssigen Guss verrühren und mit Speisefarbe zum gewünschten Farbton mischen. Den dickflüssigen Guss gleichmäßig auf den Kuchen geben. **3.** Kleine eckige Kekse als Fenster nehmen. Lakritz-Schnecken als Räder und Stoßstange verwenden. Schokolinsen als Scheinwerfer nutzen. Alles auf den fast angetrockneten Guss setzen und festdrücken.

Brumbrum!!!

Schlangenkuchen

Für mutige Dschungelexpeditionsväter

Zum Backen braucht man: 2 Grundrezepte Zitronenkuchen (von Seite 6), 1 Springform (Durchmesser 26 cm)
Zutaten für die Deko: 400 g weiße Kuvertüre, grüne und gelbe Speisefarbe, grüne und gelbe Schokolinsen, rote Speisefarbe, 2 Mikado Schoko-Gebäckstäbchen, braune Zuckerschrift

1. Mit einem großen Trinkglas in der Mitte der Kuchen je einen Kreis eindrücken. Die Kuchen halbieren und die Kreise ausschneiden. Kuchenteile in Schlangenform aneinandersetzen. **2.** Kuvertüre grob hacken und im Wasserbad bei schwacher Hitze unter Rühren schmelzen. (2 Esslöffel Kuvertüre für die Zunge beiseitestellen.) Grüne Speisefarbe mit etwas Gelb vermischen. Nach und nach die Speisefarbe in die Kuvertüre einrühren. **3.** Die Kuchenteile mit etwas Kuvertüre zusammenkleben. Die ganze Schlange aprikotieren, dann vollständig mit der Kuvertüre überziehen. **4.** Gelbe und grüne Schokolinsen als Muster und Augen auf dem noch feuchten Guss anbringen. Bei den Gebäckstäbchen die Schokolade mit einem scharfen Messer anritzen. Die beiseitegestellte Kuvertüre mit roter Speisefarbe färben und die Gebäckstäbchen darin drehen. Kuvertüre fest werden lassen und die Stäbchen als Zunge einsetzen. Mit brauner Zuckerschrift Pupillen auf die Augen malen.

Zischsch!!!

Schweinchenkuchen

Für kleine Bauernhoffansmütter

Zum Backen braucht man: 1 Grundrezept Schokinokuchen (von Seite 6), 1 Springform (Durchmesser 26 cm)
Zutaten für die Deko: 300 g Puderzucker, etwas Wasser, 2 runde, flache Kekse, rote Speisefarbe, 2 Schaumzucker-Pilze, blaue Speisefarbe, 2 runde Weichlakritz

1. Aus dem Kuchen mithilfe einer selbst angefertigten Schablone ein Schweinchen ausschneiden. Kuchen aprikotieren. **2.** Vom Puderzucker 1 Esslöffel abnehmen und mit einigen Tropfen Wasser zu einer dickflüssigen Masse verrühren. Zwei Kekse damit zusammenkleben, als Nase in das Gesicht setzen und mit etwas Zuckerguss befestigen. **3.** Den restlichen Puderzucker mit Wasser zu einem dickflüssigen Guss verrühren. Guss mit roter Speisefarbe zu einem hellen Rosa-Ton mischen und den Kuchen damit überziehen. **4.** Die Stängel der Schaumzucker-Pilze abschneiden und die Hüte als Augen in den noch flüssigen Guss setzen. Die blaue Speisefarbe in die Mitte der Augen geben. Zwei Weichlakritz als Nasenlöcher auf die Nase setzen.

Oink, oink!!!

Bienchenkuchen
Für wilde Hummelchenmütter

Zum Backen braucht man: 1 Grundrezept Schokokuchen (von Seite 7), 1 Springform (Durchmesser 24 cm)
Zutaten für die Deko: gelbe und rote Speisefarbe, Kokosraspel, 300 g dunkle Kuchenglasur, 2 große Backoblaten, gelbe Schokolinsen, einige Mikado Schoko-Gebäckstäbchen, weiße und braune Zuckerschrift

1. Gelbe Speisefarbe mit ganz wenig Rot vermischen. Die Kokosraspel mit der jetzt sonnengelben Speisefarbe in einen kleinen Gefrierbeutel geben. Alles gut durchkneten und dadurch die Kokosraspel färben.
2. Kuchen aprikotieren. Kuchenglasur nach Packungsanleitung auflösen. Den Kuchen mit der Glasur überziehen.
3. Die Kokosraspel in Streifen auf dem noch feuchten Guss verteilen. Die Oblaten in Flügelform ausschneiden.
4. Die Schokolinsen als Augen und die Gebäckstäbchen als Fühler und Stachel anbringen. Den Kuchen einschneiden und Flügel vorsichtig hineinschieben. Zuletzt mit der Zuckerschrift Mund und Pupillen malen.

Kürbiskuchen
Für furchtlose Gespensterväter

Zum Backen braucht man: 1 Grundrezept Schokokuchen (von Seite 7), 1 Springform (Durchmesser 24 cm)
Zutaten für die Deko: 100 g Marzipan-Rohmasse, 1 TL Puderzucker, grüne Speisefarbe, Kakaopulver, 250 g weiße Kuvertüre, gelbe und rote Speisefarbe, 1 kleine Lakritzstange

1. Marzipan mit Puderzucker verkneten. Marzipan halbieren. Eine Hälfte grün färben, die andere Hälfte mit Kakaopulver braun färben. Beide Sorten getrennt ausrollen. **2.** Kuvertüre grob hacken und im Wasserbad bei schwacher Hitze unter Rühren schmelzen. Gelbe mit etwas roter Speisefarbe mischen, so dass ein kräftiges Orange entsteht. Die geschmolzene Kuvertüre mit der Speisefarbe verrühren. **3.** Kuchen aprikotieren und dann vollständig mit der Kuvertüre überziehen. **4.** Aus dem braunen Marzipan Augen, Nase und Mund und aus dem grünen Marzipan Blätter ausschneiden und in die noch weiche Kuvertüre setzen. **5.** Lakritzstange evtl. abschneiden und als Stiel an die Blätter setzen.

Husch!!!

Froschkuchen

Für hüpfende Teichliebhabermütter

Zum Backen braucht man: 1 Grundrezept Schokinokuchen (von Seite 6), 1 Springform (Durchmesser 26 cm)
Zutaten für die Deko: 300 g Puderzucker, 3–4 EL Wasser, grüne Speisefarbe, 1 Lakritz-Konfekt, rote Zuckerschrift, grüne Zuckerschrift

1. Den Kuchen mithilfe einer Schablone zuschneiden. Kuchen aprikotieren. **2.** Puderzucker mit Wasser zu einem dickflüssigen Guss verrühren. So viel grüne Speisefarbe dazugeben, bis der Guss den gewünschten Ton erhält. Den Kuchen damit überziehen. **3.** Konfekt einmal durchschneiden und als Auge verwenden. Diese in den noch feuchten Überzug setzen. Guss fest werden lassen. **4.** Mit roter Zuckerschrift einen Mund malen. Mit grüner Zuckerschrift Füße und Beine zeichnen.

Quak!!!

Eisenbahnkuchen
Für abenteuerlustige Lokomotivführerväter

Zum Backen braucht man: 2 Grundrezepte Schokokuchen (von Seite 7), 1 Kastenform (25 x 11 cm)
Zutaten für die Deko: 1 Esslöffel Puderzucker, einige Tropfen Wasser, 300 g dunkle Kuchenglasur, einige gelbe Schokolinsen, 1 kleiner Schokokuss, einige Leibniz Minis (Butterkekse), einige Amarettini, 2 Mikado Schoko-Gebäckstäbchen

1. Beide Kuchen auf der Oberseite gerade schneiden und umdrehen. Puderzucker mit Wasser zu einer dickflüssigen Masse verrühren. Den zweiten Kuchen halbieren und das eine Stück mit dem Zuckerguss auf den ersten Kuchen kleben. **2.** Den anderen Teil des Kuchens etwas flacher schneiden, er dient als Anhänger. Mit einem kleinen Messer eckige Fenster in die Lok schneiden. **3.** Lok und Anhänger aprikotieren. Kuchenglasur nach Packungsanleitung auflösen und beide Teile vollständig überziehen. **4.** Der Schokokuss dient der Lok als Schornstein. Vorsichtig etwas Überzug von dem Schokokuss ablösen, damit es wie Rauch aussieht. Schornstein auf den feuchten Guss setzen. Die Butterkekse als Fenster in den noch feuchten Guss setzen. Die Schokolinsen als Scheinwerfer aufdrücken. Amarettini als Räder in den feuchten Guss drücken. Die Lok mit dem Anhänger durch Gebäckstäbchen verbinden. Tschuktschuk!!!

Dinokuchen
Für wissensdurstige Urzeitliebhabermütter

Zum Backen braucht man: 2 Grundrezepte Schokinokuchen (von Seite 6), 1 Springform (Durchmesser 26 cm)
Zutaten für die Deko: 500 g Puderzucker, etwas Wasser, grüne Speisefarbe, Schoko-Mokkabohnen, 1 grüne Schokolinse

1. Die Oberfläche beider Kuchen oben gerade schneiden und umdrehen. Mithilfe einer selbstangefertigten Schablone vom ersten Kuchen eine Rundung abschneiden und ein U ausschneiden. Dadurch entstehen der Rumpf und die Beine. Aus dem zweiten Kuchen Schwanz und Kopf ausschneiden. **2.** Puderzucker mit Wasser und wenig Speisefarbe vermischen, so dass ein dickflüssiger blassgrüner Guss entsteht. Kopf und Schwanz mit etwas Guss am Körper ankleben. Gesamten Dino aprikotieren, dann mit dem restlichen Guss überziehen. **3.** Die Mokkabohnen auf den leicht angetrockneten Guss setzen. Eine Mokkabohne durchschneiden und als Mund nutzen. Eine Schokolinse dient als Auge.

Roohhhhhhhr!!!

Delfinkuchen
Für erprobte Wasserrattenmütter

Zum Backen braucht man: 1 Grundrezept Zitronenkuchen (von Seite 6), 1 Springform (Durchmesser 26 cm)
Zutaten für die Deko: 300 g weiße Kuvertüre, blaue Speisefarbe, 1 weiße Schokolinse, braune und weiße Zuckerschrift

1. Den Delfin aus dem runden Kuchen und die Flossen aus den Kuchenresten ausschneiden. **2.** Kuvertüre grob hacken und im Wasserbad bei schwacher Hitze schmelzen. Die geschmolzene Kuvertüre mit blauer Speisefarbe verrühren. **3.** Die Flossen und das Maul mit etwas Guss an den Delfinkörper ankleben. Den gesamten Delfin aprikotieren und anschließend mit dem blauen Guss überziehen. **4.** Schokolinse als Auge ankleben und mit brauner Zuckerschrift die Pupille malen. Wenn der Guss fest geworden ist, den Delfin mit der weißen Zuckerschrift verzieren.

Platsch!!!

Prinzessinnenkuchen
Für feine Prinzessinnenmütter

Zum Backen braucht man: 1 Grundrezept Schokinokuchen (von Seite 6), 1 Springform (Durchmesser 26 cm)
Zutaten für die Deko: 100 g Marzipan-Rohmasse, 1 TL Puderzucker, gelbe Speisefarbe, 2 Pck. (je 125 g) rosafarbene
Zuckerglasur (von Schwartau), verschiedene Zuckerdekorationen (Herzen, Glitzer, Zuckerperlen)

1. Marzipan mit Puderzucker verkneten, ausrollen, eine Krone und Zacken ausschneiden und mit gelber Speisefarbe bestreichen. **2.** Zuckerglasur nach Packungsanleitung durchkneten. Den fertigen Kuchen aprikotieren und anschließend mit der Zuckerglasur überziehen. Dazu zunächst nur ein Päckchen Zuckerglasur auf dem Kuchen verteilen und trocknen lassen. Dann den restlichen Guss verwenden – so deckt der Guss besser. **3.** Sofort den Kuchenrand mit verschiedenen Zuckerdekorationen garnieren. **4.** Krone vorsichtig auf den Kuchen legen, wenn der Überzug fast getrocknet ist. Die Krone mit Zuckerperlen verzieren.

Süüüß!!!

Totenkopfkuchen

Für furchtlose Piratenmütter

Zum Backen braucht man: 1 Grundrezept Schokinokuchen (von Seite 6), 1 Springform (Durchmesser 26 cm)
Zutaten für die Deko: 400 g Rollfondant (bei einer Konditorei oder im Oetker Shop bestellen), rote, blaue und grüne Speisefarbe

1. Einen Totenkopf aus dem Kuchen schneiden. **2.** Kuchen aprikotieren. Fondant dünn ausrollen und den Totenkopf damit überziehen. Die Ränder sauber abschneiden. **3.** Die Reste des Fondants wieder gut durchkneten und ausrollen. Augen, Nase und Mund ausschneiden und schwarz einfärben, dazu die Speisefarben Rot, Blau und Grün mischen und auf den Fondant streichen. Fondant vorsichtig auf das Gesicht legen. **4.** Die Zähne aus weißem Fondant ausschneiden und nach Belieben im Mund anordnen. **5.** Aus dem restlichen Fondant Knochen formen und neben den Totenkopf legen.

Gruselgrusel!!!

Wilde-Jungskuchen

Für beinharte Kerleväter

Zum Backen braucht man: 1 Grundrezept Schokokuchen (von Seite 7), 1 Springform (Durchmesser 24 cm)
Zutaten für die Deko: 100 g Marzipan oder Rollfondant, 1 TL Puderzucker, grüne, gelbe und rote Speisefarbe,
250 g dunkle Kuchenglasur, 2 grüne Schokolinsen, grüne und braune Zuckerschrift

1. Aus dem Kuchen Kopf mit Kappe ausschneiden. Kuchen aprikotieren.
2. Marzipan mit Puderzucker verkneten. Etwa 30 g von dem Marzipan oder Fondant ausrollen und daraus Zähne ausschneiden. Etwa 40 g Marzipan oder Fondant mit etwas grüner Speisefarbe gut durchkneten, dann ausrollen und eine Kappe ausschneiden. Restliches Marzipan oder Fondant mit gelber und etwas roter Speisefarbe orange färben und Haare ausschneiden.
3. Kuchenglasur nach Packungsanleitung auflösen und den Kopf mit Glasur überziehen.
4. Schokolinsen als Augen in den noch feuchten Guss legen. Haare auf den Kuchen legen, Kappe darüber anbringen. Zähne in die Glasur legen. Zuletzt mit grüner Zuckerschrift Mund, Nase und Verzierungen malen. Mit brauner Zuckerschrift Pupillen auf die Schokolinsen tupfen.

Heyy!!!

Seepferdchenkuchen

Für zarte Wasserpflänzchenmütter

Zum Backen braucht man: 1 Grundrezept Schokinokuchen (von Seite 6), 1 Springform (Durchmesser 26 cm)
Zutaten für die Deko: 300 g Puderzucker, etwas Wasser, gelbe, rote, grüne und blaue Speisefarbe

1. Aus dem Kuchen mithilfe einer selbst angefertigten Schablone ein Seepferdchen ausschneiden. **2.** Seepferdchen aprikotieren. 150 g Puderzucker mit Wasser zu einem dickflüssigen Guss vermischen und mit gelber Speisefarbe einfärben. Scheitel, Rücken und Flossen des Seepferdchens mit Pappe zudecken. Dann den Guss auf dem Seepferdchen verteilen. Restlichen Puderzucker mit Wasser zu einem dickflüssigen Guss verrühren und mit roter Speisefarbe einfärben. Nachdem der gelbe Guss getrocknet ist, den roten Guss vorsichtig mit einem Messer auf die noch freien Stellen geben. **3.** Die Streifen auf dem Bauch des Seepferdchens mit roter Speisefarbe aufmalen. Sollte das Rot der Streifen und das des roten Gusses sehr voneinander abweichen, den roten Guss einfach dünn mit der roten Speisefarbe übermalen. **4.** Je ein Tropfen rote, grüne und blaue Speisefarbe miteinander vermischen. Damit Auge, Nase, Mund und Wimpern aufpinseln.

Schwimmm!!!

Mäuschenkuchen
Für kleinste Mäuschenmütter

Zum Backen braucht man: 1 Grundrezept Schokokuchen (von Seite 7), 1 Springform (Durchmesser 24 cm)
Zutaten für die Deko: 50 g Zartbitter-Kuvertüre, 250 g weiße Kuvertüre, einige Schokolinsen, 2 Doppelkekse, 6 Mikado Schoko-Gebäckstäbchen, weiße Zuckerschrift

1. Zartbitter-Kuvertüre hacken und im Wasserbad bei schwacher Hitze unter Rühren schmelzen. Die Doppelkekse damit vollständig überziehen. Kekse auf Backpapier fest werden lassen. **2.** Kuchen aprikotieren. Weiße Kuvertüre ebenso schmelzen. Den Kuchen vollständig mit der weißen Kuvertüre überziehen. **3.** Schokolinsen als Augen, Nase und Mund in die noch feuchte Kuvertüre setzen, Gebäckstäbchen als Schnurrhaare in den Kuchen stecken. **4.** Den Kuchen da etwas einschneiden, wo die Ohren hin sollen. Doppelkekse als Ohren in den Kuchen stecken. Augen und Nase mit Zuckerschrift verzieren.

Fieps!!!

Feuerwehrkuchen
Für rettende Feuerwehrmännerväter

Zum Backen braucht man: 1 Grundrezept Schokinokuchen (von Seite 6), 1 Kastenform (25 x 11 cm)
Zutaten für die Deko: 300 g Puderzucker, etwas Wasser, etwa 25 g Marzipan-Rohmasse, blaue Speisefarbe, gelbe Schokolinsen, einige Leibniz Minis (Butterkekse), Lakritz-Schnecken, einige Mikado Schoko-Gebäckstäbchen

1. Den Kuchen auf der Oberseite gerade schneiden, umdrehen und in zwei sehr ungleiche Teile schneiden. Einen Esslöffel Puderzucker mit etwas Wasser zu einer dickflüssigen Masse verrühren. Das kleinere Kuchenstück damit auf das große Kuchenstück kleben. Kuchenstücke aprikotieren. **2.** Marzipan mit blauer Speisefarbe einfärben und gut durchkneten. Das Marzipan zu zwei Blaulichtern rollen. **3.** Restlichen Puderzucker mit etwas Wasser zu einem dickflüssigen Guss vermengen und rote Speisefarbe unterrühren. Guss auf den Kuchen geben und gleichmäßig verstreichen. **4.** Kleine Butterkekse als Fenster auf den leicht angetrockneten Guss drücken. Lakritz-Schnecken als Räder und Stoßstange verwenden. Schokolinsen als Scheinwerfer nutzen. Marzipan-Blaulichter aufsetzen. Gebäckstäbchen zu einer Leiter zusammenbauen und auf das Feuerwehrauto legen. Guss vollständig fest werden lassen.

Impressum

Für Fragen, Vorschläge oder Anregungen steht Ihnen der Verbraucherservice der Dr. Oetker Versuchsküche Telefon: 0 08 00 71 72 73 74 Mo.–Fr. 8:00–18:00 Uhr, Sa. 9:00–15:00 Uhr (gebührenfrei in Deutschland) oder die Mitarbeiter des Dr. Oetker Verlages Telefon: +49 (0) 521 520650 Mo.–Fr. 9:00–15:00 Uhr zur Verfügung. Schreiben Sie uns: Dr. Oetker Verlag KG, Am Bach 11, 33602 Bielefeld oder besuchen Sie uns im Internet unter www.oetker-verlag.de oder www.oetker.de.

Umwelthinweis	Dieses Buch und der Einband wurden auf chlorfrei gebleichtem Papier gedruckt. Die Einschrumpffolie - zum Schutz vor Verschmutzung - ist aus umweltfreundlichem und recyclingfähigem PE-Material.
Copyright	© 2009 by Dr. Oetker Verlag KG, Bielefeld
Rezeptideen und -entwicklung	Sabine Fuchs, München Nick Holl, München
Grafisches Konzept und Titelgestaltung	fuchs_design, Sabine Fuchs, München
Titelfoto und Innenfotos	Klaus Obermeier, München
Redaktion	Carola Reich, Sabine Lüning, Bielefeld
Reproduktionen	Mohn media Mohndruck GmbH, Gütersloh
Druck und Bindung	Firmengruppe APPL, aprinta-Druck, Wemding
Wir danken für die freundliche Unterstützung	Bahlsen, Hannover Griesson - de Beukelaer, Polch

Die Autoren haben dieses Buch nach bestem Wissen und Gewissen erarbeitet. Alle Rezepte, Tipps und Ratschläge sind mit Sorgfalt ausgewählt und geprüft. Eine Haftung des Verlages und seiner Beauftragten für alle erdenklichen Schäden an Personen, Sach- und Vermögensgegenständen ist ausgeschlossen. Nachdruck und Vervielfältigung (z. B. durch Datenträger aller Art) sowie Verbreitung jeglicher Art, auch auszugsweise, ist nur mit ausdrücklicher Genehmigung und Quellenangabe gestattet.

ISBN: 978-3-7670-0660-7